Zhongguo Wenhua
Zhishi Duben

中国文化知识读本

栖霞寺

主编 金开诚

编著 李 超

吉林出版集团有限责任公司

吉林文史出版社

图书在版编目（CIP）数据

栖霞寺 / 李超编著 .—长春：吉林出版集团有限
责任公司：吉林文史出版社，2009.12（2022.1 重印）
（中国文化知识读本）
ISBN 978-7-5463-1675-8

Ⅰ.①栖… Ⅱ.①李… Ⅲ.①佛教–寺庙–简介–南
京市 Ⅳ.① B947.253.1

中国版本图书馆 CIP 数据核字（2009）第 236845 号

栖霞寺

QI XIA SI

主编/ 金开诚　编著/李超

责任编辑/曹恒　崔博华　责任校对/王新

装帧设计/曹恒　摄影/金诚　图片整理/董昕瑜

出版发行/吉林文史出版社　吉林出版集团有限责任公司

地址/长春市人民大街4646号　邮编/130021

电话/0431-85618717　传真/0431-85618721

印刷/三河市金兆印刷装订有限公司

版次/2009 年 12 月第 1 版　2022 年 1 月第 3 次印刷

开本/650mm×960mm　1/16

印张/8　字数/30千

书号/ISBN 978-7-5463-1675-8

定价/34.80元

关于《中国文化知识读本》

　　文化是一种社会现象，是人类物质文明和精神文明有机融合的产物；同时又是一种历史现象，是社会的历史沉积。当今世界，随着经济全球化进程的加快，人们也越来越重视本民族的文化。我们只有加强对本民族文化的继承和创新，才能更好地弘扬民族精神，增强民族凝聚力。历史经验告诉我们，任何一个民族要想屹立于世界民族之林，必须具有自尊、自信、自强的民族意识。文化是维系一个民族生存和发展的强大动力。一个民族的存在依赖文化，文化的解体就是一个民族的消亡。

　　随着我国综合国力的日益强大，广大民众对重塑民族自尊心和自豪感的愿望日益迫切。作为民族大家庭中的一员，将源远流长、博大精深的中国文化继承并传播给广大群众，特别是青年一代，是我们出版人义不容辞的责任。

　　《中国文化知识读本》是由吉林出版集团有限责任公司和吉林文史出版社组织国内知名专家学者编写的一套旨在传播中华五千年优秀传统文化，提高全民文化修养的大型知识读本。该书在深入挖掘和整理中华优秀传统文化成果的同时，结合社会发展，注入了时代精神。书中优美生动的文字、简明通俗的语言、图文并茂的形式，把中国文化中的物态文化、制度文化、行为文化、精神文化等知识要点全面展示给读者。点点滴滴的文化知识仿佛繁星，组成了灿烂辉煌的中国文化的天穹。

　　希望本书能为弘扬中华五千年优秀传统文化、增强各民族团结、构建社会主义和谐社会尽一份绵薄之力，也坚信我们的中华民族一定能够早日实现伟大复兴！

目录

一　栖霞寺的历史沿革

（一）栖霞寺与明僧绍

栖霞寺与南朝宋齐时期的著名隐士明僧绍有着很深的历史渊源，换句话说，没有明僧绍，也许就不会有栖霞寺这个我们今天众所周知、耳熟能详的佛教圣地了。

关于明僧绍生平的资料记载，比较集中地见于《南齐书》卷五十四、《南史》卷五十以及《全唐文》卷十五，唐高宗李治撰写的《摄山栖霞寺明征君碑铭》也可以作为相关的参考资料。前三种都是正史资料，《明征君碑》是唐高宗李治在他宠信的大臣、明僧绍的裔孙明崇俨的恳请下，御笔亲书，为明僧绍写下的碑文。这些资

栖霞山《明征碑》拓片

栖霞寺

002

料都涉及到了明僧绍的生平及其家世，虽然详略不同，并且有时候相互之间叙述得也有矛盾，但还是可以把明僧绍一生的事迹比较完整地展现出来。

明僧绍，字休烈，一字承烈，平原鬲（今山东平原）人，是南朝宋、齐时期的著名文人和隐士。他的先祖是春秋时秦国大夫百里奚的儿子孟明，孟明的后代以孟明的字为姓，于是就有了明姓。明僧绍出生于山东平原郡一个有信佛传统的士族家庭里，有很高的儒学、佛学修养。刘宋元嘉（宋文帝刘义隆的年号）时期，明僧绍被推举为秀才。永光（刘宋武昌王刘浑的年号）时期，又被征召担任镇北府功曹一职，但明僧绍没有答应。从元嘉时期到永光时期，至少有十几年，明僧绍多次拒绝了朝廷的征辟，隐居不仕。那时候，他的活动范围主要是在长广郡崂山（今山东青岛）一带，史书说他在那里聚徒讲学，乐得逍遥自在。

泰始（南朝宋明帝刘彧的年号）二年，即公元466年，由于淮北四州被北魏占领，明僧绍只好随家族南下建康（今南京），宋明帝刘彧征召他做通直郎，但他还是不肯。昇明（宋顺帝刘准的年号）元年，即公元

宋明帝刘彧像

唐高宗李治手书《明征君碑》

477 年，由于自己家里缺少粮食，不能够生活，明僧绍只好跟随他的弟弟明庆符到郁州任上。

齐高帝萧道成废掉宋顺帝刘准自己称帝的时候，很需要得到像明僧绍这样的高士以及像明氏这样的大家族的支持。《南齐书》中记载，建元元年（479 年）冬，萧道成下诏征明僧绍为正员郎，显然有这一方面的政治用意。《明征君碑》上记载："齐建元元年，又下诏征为散骑侍郎，又不就。"这和《南齐书》叙述的都是同一件事情。但是明僧绍这次推脱自己身上有病，并不买账。建元二年（480 年）的时候，

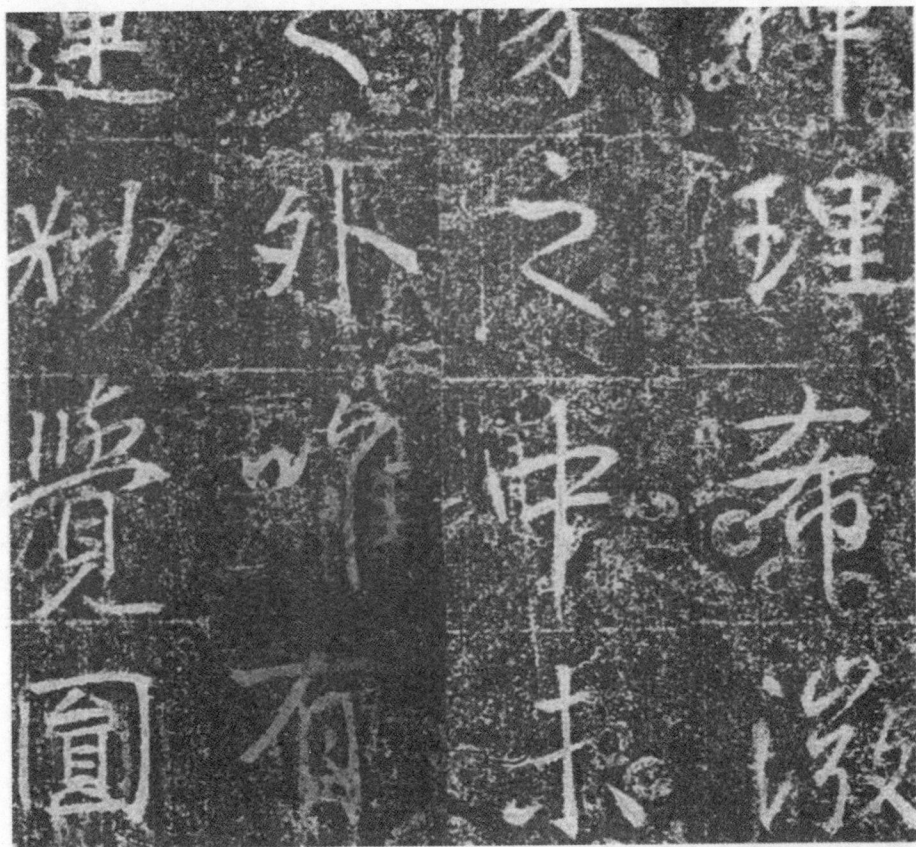

《明征君碑》（局部）

明庆符卸任青、冀二州刺史后，回京担任新职，明僧绍也随之回到了建康，并在江乘（今江苏省句容北）摄山（即栖霞山）长住下来。

自永光年间（464年）始，至明僧绍去世，在这二十多年间，先后有六个皇帝六次征召明僧绍出仕为官，但他始终推辞，也许是明僧绍看透了官场的勾心斗角、尔虞我诈，决心不为俗事拖累，所以才会"刊木结茅"，隐居摄山。当时的人赞扬他这种自甘淡泊的真隐士精神，

明僧绍对山水泉石情有独钟

尊其为"征君"。

和很多六朝时期的文人一样，明僧绍对山水泉石也是情有独钟。他先后隐居栖身的地方，从长广郡崂山（在今山东青岛）到郁洲掩榆山（在今江苏连云港）的栖云精居，再到摄山，都是水石并胜、风景秀丽的地方。明僧绍每到一处，都会以学行

栖霞山风光

德业相号召，因此跟随他的人很多。关于他的人格魅力，《明征君碑》中有一些带有传奇色彩的记载。据说他在崂山隐遁时，聚徒讲学，"横经者四集，请益者千余"，以致于盗贼也"望境归仁，共结盟誓之言，不犯征君之界"。虽然记述得有点夸张，但是从中也可以看到他得人心的地方。

齐高帝建元二年，明僧绍随弟弟来到了南朝的首都建康。与齐高帝萧道成的希望恰恰相反，明僧绍到了南京以后，就选择了远离台城的摄山作为息心宴坐之地。摄山一名伞山，即今南京栖霞山，当时属于南徐州琅

琊郡江乘县，这在《摄山栖霞寺碑》中有记载。相传摄山曾是秦始皇南巡会稽后北还渡江之处，从秦朝开始，就在这里设县了。

根据碑文记载，明僧绍到南京后，"负杖泉邱，游脱林壑，历观胜境，行次摄山，神谷仙岩，特符心赏。于是披棒草，定迹深栖，树模疏池，有终焉之志"。明僧绍看中了摄山，可能是因为山上盛产一些利于摄生（即养生）的药草，有利于隐遁之士摄养延年，也可能是因为看中这里有泉石林壑之美，与他以前的两处隐居之地相似。在这里，他"爱集法流，于焉讲肆，音容秀澈，宇量端凝，投论会奇，兴言入妙"，在首善之区引起了强烈的反响。南朝的时候，摄山经常有猛虎出没，所谓"山多猛噬，人罕登临，升岩有仙谷之危，越涧等凭河之险"。随着摄山附近的人烟渐渐稠密，周围地区也得到了开发，猛虎也就销声匿迹了。在碑文的叙述中，这被渲染成明僧绍"心不忤物，总万类以敷仁"的奇迹之一。

值得注意的是，在明僧绍到此隐居之前，东吴之时的摄山就是一个"镇戍之坞"，在晋末还曾经是道教发展的一个据点，可惜的是，摄山的外道馆地毁于疫疠，没有将道教

栖霞山栖霞寺舍利塔

钟山定林寺一景

发扬光大，更没有使摄山成为道教名山。相反，自从明僧绍来到摄山筑室隐居之后，摄山渐渐地变成了一座佛教名山。

在摄山正式定居之前，明僧绍曾专程前往钟山定林寺拜候寺里的高僧释僧远，但是他对恰巧驾临定林寺的齐高帝萧道成照样避而不见。在此之后，"俄有法师僧辩，承风景慕，翼徒振锡，翻然庚止"，僧辩来到了摄山（栖霞山）并与明僧绍成了莫逆之交。僧辩"因即邻岩构宇，别起梵居，耸娇飞柯，含风吐雾，栖霞之寺，由此创名"，这就是有名的栖霞精舍。栖霞这个具有诗情画意的名字就是这样来的，但是早在明

栖霞山红叶满山

僧绍隐居郁州（今灌云东北）的时候，就住在弇榆山栖云精舍，所以栖霞这个名字也有可能是受了明僧绍的栖云精舍的启发。

不幸的是，僧辩法师在栖霞精舍住了不久，就坐化在这个草创不久的居室里。僧辩法师生前曾发愿要在栖霞岩上塑一尊佛像，还没来得及实现。明僧绍怀想故人，感而成梦，梦见一尊庄严的佛像坐在高高的山岩之上。他漫步于林亭山峦之间，也仿佛听见"浮磬吟空，写圆音于帷树"，仿佛闻到"飞香散迥，腾宝气于炉烽"，还似乎在岩际看见佛像的"真颜"，"神光骇瞩，若登灵鹫之山，妙力难思，如游替龙之邑"。这种种祥瑞的征兆使明僧绍越来越相信，他要承担起故人未竟的事业，这既是佛意，也是天意。

然而，永明二年（484 年），刚刚开始筹划"于岩壁造大尊仪"的明僧绍也离开了人世。他的儿子临沂公明仲璋孺慕思深，尊重父亲的遗愿，把明僧绍的故居舍为佛寺，所谓"舍兹碧题，式建花宫"，

栖霞寺千佛岩景观

栖霞寺

栖霞山千佛岩石窟佛像

又继承明僧绍的志向，在西峰石壁开凿佛龛，于是寺的规模得到初次扩展。当时的王公贵族，包括齐文惠太子、竟陵王萧子良等人，闻风而动，"咸舍净财，光隆慧业"，竞相在岩际开凿佛像。有一个叫法度的沙门，"即此旧基，更兴新制，又造尊像十有余龛"。栖霞寺后来享誉一方的千佛岩至此初具规模。永明七年（489 年），法度禅师以栖霞

栖霞寺千佛岩洞窟佛像

精舍为基础，正式创立了栖霞寺。

　　但是，也有观点认为，明僧绍生前就舍宅为寺了。有学者说："南齐永明七年（489 年）正月三日，明僧绍舍宅为寺，供法度禅师居住弘法，称为'栖霞精舍'"，又说"明僧绍舍宅为寺后"，梦见如来佛等事情。《栖霞寺志》也说："南京栖霞寺，创于公元 484 年，南京齐武帝永明二年，有高士明僧绍者，初隐居江乘摄山，延沙门法度，讲无量寿经，因舍宅为栖霞精舍以居之，是为摄山有栖霞寺之始。"到底是明僧绍把自己的居室捐给了僧辩法师还是法度禅师，笔者认为可以存疑，但有一点可以确认，栖霞寺的创立是在明僧绍死后，即永明七年（489 年）。

从严格意义上讲，明僧绍只是为栖霞寺的建立提供了先决条件，而并不能把他当做栖霞寺的创始人。纵观明僧绍的一生，他是深受儒家和释家思想的影响的，因此不能简单地把他当做一个佛教的信徒，在他身上，体现得更多的还是传统的隐士精神。但是由

栖霞寺千佛岩洞窟佛像

栖霞寺的历史沿革

于明僧绍与栖霞寺的渊源，《栖霞寺志》还是把他看成栖霞寺的"开山护法"。

（二）栖霞寺的历代演变

自南齐永明年间明僧绍的儿子捐宅为寺，"栖霞精舍"改为"栖霞寺"后，在一千五百多年的历史变迁中，栖霞寺也迭遭变迁、兴毁。南朝齐文惠太子萧长懋和诸王曾经在千佛岩造大小诸佛像。隋文帝杨坚仁寿元年，在八十三州造舍利塔，其中立舍利塔的诏书中把栖霞寺放在首位。唐初，高祖李渊敕改栖霞寺名为功德寺，并于山中增建大小梵宇四十九所。那时候，栖霞寺因"楼阁延袤，宫室壮丽"，与长

栖霞寺舍利塔

栖霞寺

安慈恩寺、荐福寺同为天下名刹，唐高宗李治上元 (674—676 年) 年间，寺名又由功德寺改为征君栖霞寺，唐武宗会昌年间 (841—846 年)，因为唐武宗李瀍崇尚道术，认为佛僧的存在影响了他修炼成仙，又有传言说僧侣将取代李唐国统，于是唐武宗下诏排斥佛教，在全国范围内掀起了大规模的灭佛运动，栖霞寺在这一时期被毁掉。唐宣宗大中五年 (851 年) 又重建，并改名"妙因寺"。也有人说，是南唐时高越、林仁肇建舍利石塔，又重修栖霞寺，并改称妙因寺。

栖霞寺舍利塔

宋太宗赵光义太平兴国五年 (980 年)，栖霞寺又被改名为普云寺。宋真宗赵恒景德四年 (1007 年)，正式改名为栖霞禅寺，宋哲宗赵煦元祐八年 (1093 年)，太皇太后高氏听政，改称岩因寺崇报禅院，又名景德栖霞寺或虎穴寺。北宋末年，因金兵大举南下，宋高宗赵构被迫南渡，金兵攻陷建康后，栖霞寺毁于战火。此后，栖霞山寺荒废了二百六十多年。明太祖朱元璋洪武二十五年 (1392 年)，寺庙重建，并有朱元璋敕额"栖霞寺"。清咸丰五年 (1855 年)，清军向荣部队与太平军在栖霞一带激战，栖霞寺遭兵燹，全寺悉遭毁坏，此后又萧条了五十多年。

孙中山塑像

清光绪年间，由宗仰、若舜住持相继修复。宗仰上人曾在日本追随孙中山从事革命，主持修复栖霞寺时，得到了孙中山先生的资助。

二　栖霞寺与高僧

在栖霞寺一千五百多年的历史中，经历了无数的风雨沧桑，也留下了很多传颂至今的故事，栖霞寺作为中国"三论宗"的发祥地而闻名天下，三论宗是中国佛教的宗派之一，源于古印度大乘佛教的"中观宗"，三论宗以《中论》《十二门论》《百论》为主要典据，由鸠摩罗什翻译并流传到中国。在中国实际完成三论一宗的大业的人是隋代的吉藏。三论宗着重阐扬诸法性空的理论，也称法性宗。该宗建立"真俗二谛""八不中道"等理论，认为世间万物都是以众多因缘和合而生的（缘起），离开众多因素和条件就没有独立不变的实体（性空）。一切众生都能成佛，不能成佛的是因为迷故，为无明妄想所蒙蔽，所以成佛与否，关键在于迷悟。由于栖霞寺历史悠久，所以历朝历代的很多高僧都和栖霞寺结下了不解之缘。下面我们就来具体介绍一下几位高僧和栖霞寺的密切的关系。

鸠摩罗什像

（一）法度、僧朗

《明征君碑》和江总的《摄山栖霞寺碑》中都有关于法度的记载。根据相关资料，法度卒于南齐永元二年（500 年），享年 64 岁，所以他应该出生于公元 437 年。《高僧传》

栖霞山风光

卷八记载："释法度，黄龙人，少出家，游学北土备综众经，而专以苦节成务。宋末游于京师。""黄龙"是指在今天辽宁省境内建立的北燕国。法度年轻的时候就出家了，并曾经到北方的各地游学，大约在南朝刘宋末年，他来到了建康。

相传法度来到栖霞山的"栖霞精舍"之前，就已经有道士在那里建造了道观，但是不知道什么原因，居住在那里的人都相继死了，所以人们就传言那里有妖魔鬼怪。等到法度把"栖霞精舍"改造为栖霞寺并住进去以后，一切妖魔鬼怪都销声匿迹了。过了一年左右，突然有一天外面传来人马鼓角的声音，不久一个自称靳尚的男子走了进来。靳尚告诉法度，他是摄山的山神，在这座山上称王已经有七百多年了。从前住在这里的那些人都不是真正的高士，并且心意不诚，是他运用魔法使这些道士非病即死的。靳尚认为法度是得道高僧，所以甘愿皈依到门下。法度回答说："我是僧人，你是神仙，所以你不必屈尊到我这里，何况受戒佛门要受五戒，是不能吃血食的。"靳尚表示愿意受戒，从此不再杀生，并托梦告诉那些到山神庙祭祀

他的人，从今以后的供品只能用菜脯。据说
有一次法度因病发作病倒之际，靳尚来为他
按摩了一下头和脚，并让法度喝了他所带来
的琉璃瓯中甘甜清凉的饮料后，痛苦感立刻
就消失了。

　　靳尚是战国时楚怀王的宠臣，由于他在
楚怀王面前进献谗言，使得楚怀王疏远了屈
原，致使屈原投汨罗江自杀。正因为靳尚生
前陷害忠良，所以死后遭到了天谴，化作蟒
蛇，盘踞在栖霞山，成了这里的山神。传说
毕竟是传说，不能当真，而且这些古书之所
以编造了法度和靳尚的这段渊源，一方面是
为了证明法度禅师是一位高僧，同时也是为

栖霞寺牌坊

了宣扬佛法无边，可以普度众生。

在《高僧传》释法度传中记载："度有弟子僧朗。继踵先师，复纲山寺。"僧朗法师又称大朗。他是南朝齐、梁间的僧人，来自辽东。僧朗在他的释家生涯中，因居住摄山，后人又称他为"摄山大师"。僧朗以义学僧而著名，尤其擅长"华严"和"三论"（龙树的《中论》《十二门论》和提婆的《百论》三论），因此，他被梁武帝萧衍"深加器重，救诸义士于山受业"。由于僧朗法师一生大弘三论之学，所以世称他为"江南三论之祖"。

僧朗法师从小就很有志向。他天性好学，刻苦勤奋，孜孜不倦，当时就有学名。南朝齐时，他来到了摄山栖霞寺，向当时的著名僧人法度学习，深得法度的器重，法度把自己的一生所学传授给他。法度死后，众僧便拥戴他成了摄山栖霞寺的住持，直至他圆寂为止。

僧朗不仅天性好学，而且性情旷达、思维敏捷，他对所接触到的佛学经义很快就能掌握，别人注意不到或不常见于记载的经、律、论，他都能够讲说，而且说得头头是道、有声有色。对于"华严""三论"等佛家经典，他更是博通。僧朗除了在摄山止观寺修道外，也曾住在钟山草堂寺修行，当时的隐士周颙，就从他学道。"三论"之学，在佛教教义中，是一种口传心授的口头学说。僧朗在对弟子的授业过程中，"玄旨所明，惟存中观"，他认为，方法倘若"自非心会析理，何能契此清言"（《续高僧传》）。"三论"之学重在心会不在言教，这样才能够达到"顿迹幽林，禅味相得"的理想境界。也

栖霞寺一景

就是说，重心会而不重言说，是僧朗"三论"之学的突出特点。隋代高僧吉藏在《中论疏》中认为《中论》为般若学的中心，其学说称"三论"之"新学"，这是僧朗最为擅长的。

吉藏像

南朝梁天监十一年（512年），梁武帝萧衍派中寺僧怀、灵根寺慧令、智寂、僧诠等十人赴摄山从僧朗学习"三论"之学，这些人因此掌握了三论大义，其中僧诠习学最有成就。后来僧诠住进了摄山止观寺，盛弘三论，使之发扬光大，源远流长。僧诠的学说称为新说，而在他以前的佛教经义称为关河旧说。在僧朗的嗣承弟子中，僧诠最有名气，僧诠门下有兴皇寺法朗、长干寺智辩、禅众寺慧勇、栖霞寺慧布四人，都长于三论，世称"诠门四哲"。

（二）慧布

慧布法师，俗家姓郝，是广陵（今江苏扬州市）人。慧布出生在一个军将的家庭，16岁的时候，他的哥哥去世了，他在悲痛中领悟了世间的道理，心中想解脱世俗的罗网，但是由于他的亲属知道他有杰出的军事才能，所以阻止他出家为僧。慧布是一个意志坚决的人，21岁时，他终于实现了自己的愿望，皈依佛门。

栖霞寺一景

栖霞寺千佛岩石窟佛像

栖霞寺

从唐代开始，千佛岩的石窟佛像即多次被修补

　　由于对佛教的终极真理不能尽情学习，慧布决定到摄山止观寺（后来的栖霞寺）跟随僧诠法师学习大乘佛法。慧布能够精妙地领会三论（《中论》《百论》、《十二门论》）的宗旨，当时的人赞誉他为"得意布"，或者叫他"思玄布"。

　　慧布生活在梁朝末年和陈朝时期，当时战乱频繁，连年饥荒。有一次慧布已经三天没有吃东西了，到了第四天，有人送给他一碗饭，慧布闻到饭中好像有猪肉的味道，虽然他腹中如同火烧，但是仍然收敛心意，坚决不肯吃这碗饭。还有一次他患有脚气，大夫让他食用韭菜，因为这件事他一直感到罪过，在他死前，他多次向别人陈述这种罪过。

　　在那个战火纷飞的年月，很多人都乐意转生

栖霞寺天王殿

到西方净土寻求解脱。慧布对别人说："西方净土，不是我的愿望，我的心愿是化度众生。如果在莲花世界中，十劫享受快乐，也不如在三途（火途、血途、刀途）苦难之处救济众生。"

慧布在陈朝的时候，邀请保恭禅师建立了摄山栖霞寺。很多有名望的僧人都来到栖霞寺接受慧布所讲的经论宗旨。慧布从来不把自己当做老师，也不役使地位地下的僧人，经常自己缝洗衣物，每天寺院的钟声刚敲响，他就来到法堂，端坐如木。正因为慧布的名声，所以陈朝的皇帝和王侯都来他这里接受戒律，像礼佛一样崇敬他。

南京栖霞寺明镜湖

　　慧布在 70 岁的时候和众僧说："虽然我还能活几年，但是因为年老体衰，不能行道，住在世间没有什么用处呢。我希望能转生到边远的地方，在那些没有佛法的地区去弘扬佛法。"于是，慧布开始绝食。在他生命就要断灭的时候，陈朝的皇帝派御医来给他诊断，但是慧布把手臂缩回去，不允许他们医治。临终前，慧布吩咐说："长生不死不为之欢喜，现在我要死了，也不为之惧怕。生是没有东西产生，灭是没有东西消灭，我把你们托付给了保恭禅师，我也没有什么可忧虑的了。"慧布在陈朝祯明元年（587 年）十一月二十三日圆寂于栖霞寺。

三　栖霞寺景观

栖霞寺山门

　　来到南京栖霞寺，首先映入眼帘的是寺前的山门。山门三门并立，中间是一大门，两旁各一小门，象征"三解脱门"（即空门、无相门、无作门）。中间大门门楣上面镶嵌着四个镏金大字"栖霞古寺"。两侧门额上分别书写着"六朝胜迹""千佛名蓝"共八个鎏金大字。在寺庙的右边，有一棵苍劲青翠的古松，相传这是梁武帝萧衍亲手栽植的，虽然经历了千年的风雨，依旧屹立不倒。在栖霞寺左侧，弥勒殿附近有一个亭子，俗称御碑亭，建得精致玲珑，这是为纪念和栖霞寺有历史渊源的隐士明僧绍而建造的。亭子里面竖立着一块石碑，这就是著名的《明征君碑》。碑文是唐高宗李治所撰，由唐代著名书法家、卫尉少卿高正臣书写，碑文通篇都是四六韵文，后面用十首铭词结束，全篇用行书体书写，笔势雄健，飘逸潇洒。石碑的后面，镌刻着斗大的"栖霞"两个字，相传是李治亲笔书写。碑文记载了明僧绍的生平事迹，虽然略有残损，但是并不影响观赏。

古松和《明征君碑》的屹立不倒就是栖霞寺生命力的最好见证，在一千五百多年的历史长河中，栖霞寺虽然几经损毁，但最终还是顽强地生存下来，并将保持着强大的生命力继续发展下去。我们在感慨栖霞寺悠久

栖霞寺山门铜雕

栖霞寺景观

的历史文化的同时，也会钦佩寺中各式各样的建筑，不但寺庙的建筑具有很高的观赏价值，就连栖霞寺坐落的栖霞山，也是一道亮丽的风景。

（一）栖霞山

栖霞山寺风景区地处南京东北郊22公里处，三面环山，北临长江，总面积约八百六十公顷，最高峰海拔286米。栖霞山依地形由三山两涧即龙山、虎山、中峰、桃花涧、中峰涧组成。栖霞山主要由三峰构成：东峰形状似巨龙，所以叫龙山；西峰的外形像伏虎，所以名虎山；主峰在两山之间，连带左右，如同一只展翅欲飞的

栖霞山风光

栖霞寺

凤凰，所以叫凤翔峰。栖霞寺就坐落在凤翔峰西麓林中，龙山、虎山拱而抱之，玉龙河在前面萦绕，显得十分古朴幽雅。

栖霞山在六朝时就很有名了，但栖霞山最初不叫栖霞，因山似方形，四面垂岭像伞，故名伞山。在魏晋六朝时，服药之风大盛，因山中盛产各类"滋润摄生"的名贵草药，据传吃后可以摄身，故又名摄山。

明代的东宫日讲官焦竑曾经说："金陵名蓝三：牛首以山名，弘济以水名，兼山水三胜者，莫如栖霞，古高人胜流，率栖迹于此。"牛首山也是南京的佛教圣地，是佛教"牛头禅"的发祥地，因为山有双峰，东西

栖霞山在六朝时就非常著名

栖霞寺景观

对峙，形状就像牛头上的两角一样，所以叫做牛首山。明清年代，牛首山遍种桃树，阳春三月满山桃花争艳，又有大量洁白的绣球花点缀其间，美不胜收。每年春天，南京人倾城而至观赏桃花，所以才会有"春牛首，秋栖霞"的称呼。弘济寺是南京名刹之一，寺院殿阁都是依临江的悬崖峭壁建筑的，江水从寺下流过，显得气势磅礴。和牛首山、弘济寺比起来，栖霞山在山水风景上占到了优势。

栖霞山之所以能够驰名江南，原因有很多。虽然它没有钟山高峻，却有着千年的历史，山上名胜古迹遍布诸峰，山深林

栖霞山风光

栖霞寺

一座栖霞山.半部金陵史

茂，泉清石峻，风景迷人，文化底蕴也很深厚，素有"一座栖霞山，半部金陵史"的盛名。历史上的 1751 年至 1784 年的 34 年间，清代乾隆皇帝六次南巡，六次驾临栖霞山并五次驻跸栖霞行宫，乾隆皇帝入住栖霞山期间，除御赐彩虹明镜、万松山房等为"栖霞山十大景观"以外，还写有描写栖霞山的诗 123 首、匾联 44 副、佛赞一篇，其中有一首《再题幽居庵》赞叹说："金陵返跸驻栖霞，西峪幽居清且嘉。窄路入丛云片石，阑春落半锦堆花。"因为山上幽雅清丽的风景美不胜收，所以乾隆皇帝称赞栖霞山为"第一金陵名秀山"。

山深林茂，泉清石峻

在栖霞山建设的行宫是乾隆南巡行宫中最大的，据说，栖霞山行宫当时由两江总督亲自负责施工，召集了当时的能工巧匠，从公元1751年到公元1757年，用了6年的时间建成了这宏伟的建筑群。整个行宫建筑群位于栖霞寺后面，在龙山与中峰之间，主要建筑有春雨山房、太古堂、武夷精庐、寝殿、夕佳楼等十几处建筑物，遗憾的是，这处恢弘的皇家建筑群在清咸丰五年（1855年）清军与太平军的激战中沦为一片废墟，现在的栖霞山行宫只剩其行宫的部分遗址。

栖霞山是金陵四十八景之一，也是我国观赏红叶的重要场所，"栖霞丹枫"就可以独立地作为金陵十景之一。栖霞山的红叶主要以槭树科的红枫、三角枫、鸡爪槭、五角枫，金缕梅科的枫香，漆树科的盐肤木、黄连木，榆科的榉树为主。还有卫茅、椴木、银杏、紫薇等珍稀色叶树种。因为品种丰富，栖霞山的红叶观赏时期跨度较长，观赏区域也不尽相同。但是一般来说，最佳观赏时期是在11月上旬至12月上旬之间。

南京的春天和秋天向来短暂，而秋季里，位于城东一隅的栖霞山的红叶独好。

栖霞寺

栖謾寺千佛岩石窟佛像

深秋的栖霞山红叶如火，漫山红遍，层林尽染。登高远望，就像云霞栖来，宛如一幅美丽的秋的画卷，景色十分壮观。在满天秋色里，万木凋零，天与地一片金黄，唯独栖霞的枫树成为造物主的宠儿，彩霞漫天，大放光彩。连绵的枫林中偶尔还夹着几棵青翠欲滴的松柏，更显得别具韵味。每年秋天，都会有很多人来到栖霞山游玩，观看栖霞红叶，所以"秋栖霞"享誉中外。

（二）千佛岩与栖霞飞天壁画

南京栖霞寺千佛岩（又称千佛崖、万佛崖，别称千佛岭）石窟位于南京市东北郊20公里处的栖霞山中峰（凤翔峰）西南麓，是利用山体岩面、裂面形成的崖面的

栖霞寺千佛岩石窟佛像

自然走向和高低凹凸的地形地貌条件，沿纵向和横向选择有利施工部位开凿出来的摩岩石窟造像。千佛岩西与栖霞寺、舍利塔毗连，向东北方向延伸，经纱帽峰至中涧峰。窟区全长近 200 米，宽 40 余米。千佛岩全区共有大小石窟 265 个，现有佛像 532 尊。千佛岩是我国南方开凿时代最早、规模最大的南朝齐梁时期的石窟遗迹，2001 年 7 月 16 日被国务院公布为第五批全国重点文物保护单位。

千佛崖造像始于南朝齐，相传当年明僧绍曾在这里请法度禅师讲无量寿经，夜间，明僧绍梦见栖霞纱帽峰顶放出金光，现出佛像和殿宇的影子，这就是所谓的"如来佛光"。

栖霞寺千佛岩石窟佛像

于是，明僧绍决定在这里凿造佛像，不料未及实施，他就病故了，他的儿子临沂令明仲璋为实现父亲遗愿，请齐梁时期建康著名高僧僧祐法师设计和施工指导，与法度禅师合作，筹资募工，于永明二年 (484年)，在中峰石壁依崖而筑大佛阁 (即三圣殿)，居中开凿无量寿佛，并在其前左右两侧凿刻观音、势至两胁侍菩萨，历时 3 年竣工。当时凿刻的佛像有 515 尊，分凿于294 个佛龛中，因为望之如蜂房鸽舍，所以号称"千佛崖"。古代的善男信女们认为，出资开凿石窟佛龛、雕塑与绘画佛像的过程，本身就是一种做功德的行为。在那之后，齐梁王公贵族齐文惠太子、竟陵文宣王田奂、梁临川靖惠王萧宏等纷纷捐资，依崖壁的地形特征，开凿佛龛、镌刻佛像，以祈菩萨保佑。这项工程延续到了天监十年(511年)，历时28年竣工。

一千五百多年来，栖霞寺千佛岩石窟佛龛佛像历经沧桑，除遭受大自然的风化破坏外，历史上曾遭受多次人为破坏。唐会昌五年(845年)，武宗皇帝下令废寺灭佛像，宋建炎四年(1138年)，金兵攻陷南京后，毁寺灭佛，石窟佛像遭破坏。清咸丰五年至六年（1855—1856年），清军与太平军在栖霞山一带形成拉锯战，山上所有建筑和树木被

栖謾寺千佛岩石窟佛像

栖霞寺景观

毁，栖霞寺成为一片废墟。

但是有破坏就会有修复或重建，千佛岩的石窟佛像也不例外。从唐代开始，千佛岩的石窟佛像多次被修补，然而修复工作却不能让人满意。栖霞寺住持若舜法师于1924—1925年，用两年时间对千佛岩石窟所有佛像用水泥钢筋全部修缮、装饰，且以朱施唇，以墨画眼目，结果使千年文物面目全非，古意尽失，原貌尽毁。

千佛岩石窟内不光有佛像，还有不少壁画。2000年时考古人员在这里发现了著名的"栖霞飞天"壁画。栖霞飞天壁画位于千佛岩"中102号"洞龛中，壁画长80

栖霞寺千佛岩佛窟造像

厘米，宽约 40 厘米，在石壁上涂丹后，用
浮雕手法凿出"飞天"飘逸的形态，两边
左右各一个。在同一洞龛的近口左壁上有一
个小"飞天"。栖霞飞天属模印彩绘画方式，
这种画利用岩体本色显露画面，在全国石窟
中极为罕见。由于壁画地处山坳，又在佛龛
的顶部，挡住了千百年风霜雨雪，因此得以
幸存。"栖霞飞天"人物饱满，仅凭一根彩
带便可凌空回舞，挥手撒花，天衣飞扬。在
紧靠"中 102 号"一个较大的洞龛顶上有丹
砂涂画的痕迹，应也是"飞天"壁画。当
地居民反映曾在石壁上看到过"双头怪鸟"。
这种双头怪鸟据专家鉴定，应是"迦陵频加"，

栖霞寺千佛岩洞窟顶部飞天壁画

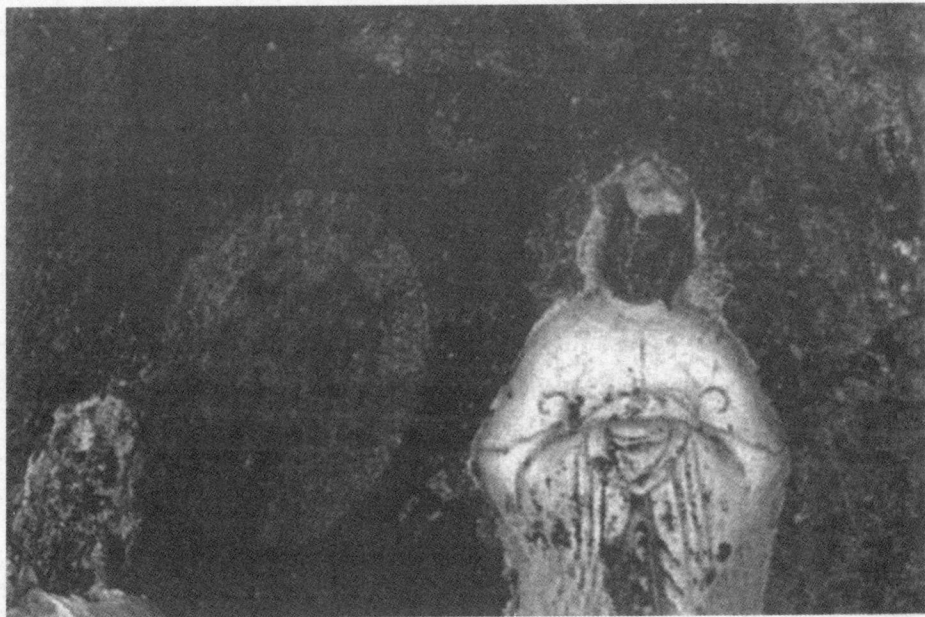

栖霞寺景观

鉴真曾来到栖霞寺小住

为敦煌壁画里的一种仙禽。"栖霞飞天"绘于隋末唐初,飞天是佛国里的"天乐神",在极乐国里弹琴歌唱,娱乐于佛。"栖霞飞天"的面世,不仅丰富了我国古代文化遗产宝库,更是填补了敦煌文化向东传播的空白,揭示了敦煌文化和以栖霞为代表的南方文化的渊源。

(三)藏经楼、舍利塔、鉴真纪念堂

1.藏经楼

藏经楼在栖霞寺的最高处,楼下是住持和尚起居办事的法堂,也称"狮子座",供宣讲佛法之用。楼下法堂布置了不少书画、楹联,法座后挂有象征释迦牟尼佛说法传道的画像,画像两旁悬挂着1979年重修栖霞寺时,赵朴初会长题写的一副楹联"创业溯南朝想当年花雨六时朗公讲席弘三论,分身还故国喜此日海天一色鉴师行踪重千秋"。上联概括了栖霞寺的历史渊源,说的是僧朗法师弘三论之学的事情;下联指的是唐代高僧鉴真的故事,鉴真第五次东渡日本时,因迷航海船漂到了海南岛,在他登陆北返的时候,应他的弟子灵佑的邀请,到栖霞寺住了三天。

藏经楼法座前面设有讲台,台上供着

古贝叶经

小佛坐像，象征听法诸佛，台下设香案，两侧置听法席。楼上为藏经之处，室内正中佛龛内供奉一尊释迦牟尼玉佛，用整块白玉精雕细琢而成，形象颇异，这是缅甸僧人赠送的物品。室内两侧放置着整齐的经柜，按千字文字序，存放经、律、论三大类佛教经典著作，多达八千余册，其中最名贵的是"贝叶经"，是在婆罗树叶上烙印梵文，相传为唐代玄奘法师西天取经带回来的，因其时代久远，弥足珍贵。此外还有一本"血书"，相传是清末一位女信徒滴血抄写而成。

栖霞寺舍利塔

2. 舍利塔

舍利塔位于栖霞寺藏经楼南侧，距离
千佛岩很近。据《帝京景物略》记载，隋
文帝杨坚曾遇到一个神僧，神僧预言他日
后能当皇帝，并赠给他舍利（佛骨）一袋，
有数百颗。隋文帝取代北周统治登基后，
改变了北周武帝的灭佛政策，大力复兴佛
教。隋文帝两次下诏，令天下八十三州，
各选一处依山傍水的清静寺院，建塔收藏
舍利。同时，钦派高僧等分道护送舍利子
至各地入塔，并特别诏令首先送蒋州（隋
朝时，南京为蒋州）栖霞寺。隋文帝仁寿
元年（601 年）建成的舍利塔，原系木质
结构，因岁月剥蚀而毁于唐武宗会昌年间

栖霞寺舍利塔（局部）

（841—846年）。南唐时期（约945—972年），佛教又兴，高越和林仁肇（高越，官至南唐的终勤政殿学士、户部侍郎。林仁肇是南唐镇海军节度使，也是南唐唯一的虎将）奉旨主持重新修造栖霞寺时，仿旧日木塔，改建成石塔，竣工后，高越撰写了《舍利塔记》一卷，叙述了建塔的始末。由于建塔时选用的是石灰岩和大理石两种石料，预先雕凿成配件后，再接榫安装，垒砌而成，所以至今历经千年风雨兵灾依旧保存完好。

舍利塔塔高18.04米，塔基边长为5.13米，共七级八面，塔身为八角五层密檐式，立于八角形须弥座式的塔基上。塔基分上下两层，第一层雕刻缠技莲纹，第二层镌刻飞

栖霞寺舍利塔塔身浮雕

栖霞寺舍利塔塔身浮雕

栖霞寺

凤、莲花等图案，塔基的八面刻有海水纹，并雕有龙、凤、鸟、兽、鱼、虾、蟹、鳌等图案，有的腾云驾雾，有的出没山林，也有的沉浮波涛。须弥座是仰莲花座，上为束腰基坛，角柱上各雕金刚、力士、立龙、怪兽，以承塔身。基坛八面的浮雕刻着释迦牟尼八相成道图，依次为托生母胎、树下诞生、逾城出家、雪山苦行、降伏魔军、树下成道、鹿苑说法、鹤林入灭等，雕图用艺术手法展现了释迦牟尼佛富有传奇性的一生。

在须弥座与塔身之间，雕刻着莲花露盘三叠，花瓣上阴刻宝相花纹。塔身由五层密

栖霞寺屋檐上雕刻有精美的塑像

栖霞寺景观

栖霞寺舍利塔浮雕天王像

栖霞寺舍利塔普贤骑象图和文殊菩萨像

栖霞寺

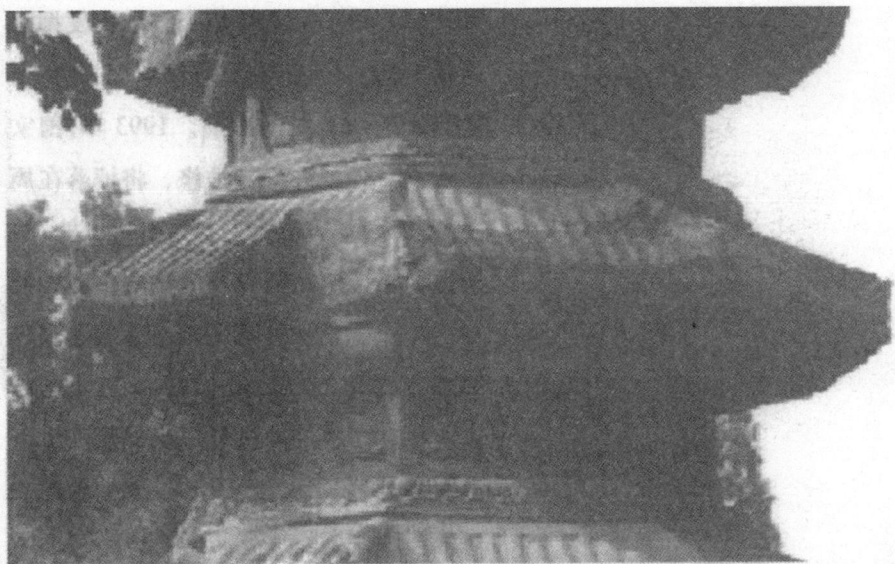

栖霞寺舍利塔上生动形象的佛龛浮雕

檐式塔室构成：第一层塔室的八面刻有雕像。第一、二、五、七面为四大天王像，都是武士装束，披甲执戈，形象很威严。佛雕上刻有雕刻者王文载、丁延规等姓名。第二面为普贤骑象图，第四、八面为版门，门扉上有铺首衔杯及门钉。第六面已经毁坏，据考证应该是文殊菩萨的图像。第二层到第五层塔室，四层八面每面都雕刻两个石龛，每龛中坐一佛，共计刻有六十四尊小佛像，象征着千佛世界。塔顶密檐成筒瓦状，叠石六重饰以莲瓣、束缨、云纹，代表着覆钵、相轮和火珠。1921年由叶恭绰主持、刘敦桢设计，对舍利塔进行了一次重修，现存塔顶上的相轮莲花形刹柱，是当年仿北魏云中寺补建。勾片造

栖霞寺景观

栏杆是根据地下发掘的遗物重建。塔前旧有引接佛二尊，也在当年移到塔东的三圣殿前。1993年，国家文物局对舍利塔进行维修，将掉落在周围的八大块石构件粘接到原断口处，并用化学粘接剂把塔身及塔檐的裂缝勾缝补平，保持了舍利塔原有的南唐建筑风格。舍利塔代表南唐时代雕刻艺术的最高水平，在中国佛教建筑史和雕刻史上占有重要地位。1988年，石雕舍利塔被列为第二批全国重点文物保护单位。

3. 鉴真纪念堂

藏经楼左侧是鉴真纪念堂，又称"过海大师纪念堂"，堂内供奉着唐代鉴真法

鉴真大师像

师 (688—763 年) 雕像，是为纪念鉴真法师
而于 1963 年设立的。据史料记载，唐代高
僧鉴真于天宝七年（748 年）第五次东渡日
本时，由于中途迷失了航向，最后漂流到了
海南岛，他在登陆北返途中，于天宝十年(751
年) 途经江宁（今南京），由其弟子灵佑迎
到栖霞寺，逗留三日后，返回扬州大明寺。
现在鉴真纪念堂正中佛龛内供奉一尊鉴真和
尚脱袈裟的干漆塑像，它是由日本奈良招提
寺八十一代传人森木孝顺长老亲自塑造的。
1963 年时值鉴真法师圆寂 1200 周年之际，
由日本文化界、佛教界联合署名赠送给栖霞
寺。鉴真法师端坐的佛龛，在设计上别具一

扬州大明寺鉴真纪念堂回廊

栖霞寺景观

《鉴真和尚东渡图》

格，它以扬州大明寺为模型，背景是惊涛骇浪，表现出鉴真法师为弘扬佛法，促进中日文化交流而舍生忘死六次东渡的大无畏气概。纪念堂内陈列着鉴真法师生平事迹文献和外宾赠送的礼品，包括 1963 年日本文化代表团所赠的《鉴真和尚第六次东渡图》《鉴真和尚纪念集》等。

（四）弥勒殿、毗卢宝殿、石匠殿

1. 弥勒殿

步入栖霞寺的山门，迎面就是弥勒殿，殿内正中箕踞一尊胖大的弥勒佛，袒胸露腹，开怀畅笑。弥勒佛两边挂着一副楹联：

弥勒佛像

"大肚能容，容天下难容之事；慈颜常笑，
笑世间可笑之人。"此联把弥勒佛的形象刻
画得淋漓尽致，趣味盎然。弥勒佛即"未来
佛"，"弥勒"是梵文 Maitreya 的音译简称，
中国的弥勒佛一般认为是按照五代时期的布
袋和尚的形象塑造的。因弥勒佛常怀慈悲之
心，所以他成为中国民间普遍信奉、广为流
行的一尊福佛。

栖霞寺景观

弥勒佛背后是一尊巍然屹立、双手合十的韦驮天将雕像（韦驮又名违驮天，本是婆罗门的天神，是南方增长天王的八大神将之一。在中国寺院通常把他安置在天王大殿弥勒菩萨之后，面对着释迦牟尼佛像），两侧侍立护国神将四大天王，身青色，穿甲胄，手握宝剑的叫毗琉璃，是南方增长天王；身白色，穿甲胄，手持琵琶的叫多罗吒，是东方持国天王；身绿色，穿甲胄，右手持宝伞，左手握银鼠的叫毗沙门，是北方多闻天王；身白色，穿甲胄，臂上缠绕一龙的叫毗留博叉，是西方广目天王。四大天王本是佛教的护法，又称护世四天王，在中国民间，又把他们汉化，认为四大天王是"魔家四兄弟"，南方增长天王是魔礼青，西方广目天王是魔礼红，北方多闻天王是魔礼海，东方持国天王是魔礼寿，他们手持的青锋宝剑、碧玉琵琶、混元珠伞、紫金花狐貂，是"风调雨顺"的谐音。

西方广目天王像

2. 毗卢宝殿

出了弥勒殿，过方形天井，由正中步上台阶，就来到了毗卢宝殿。殿内雍容典雅，富丽堂皇。迎面正中供奉一尊毗卢遮那佛（也叫法身佛，表示绝对真理就是佛身），高约

毗卢遮那佛

五米，连须弥座在内，高达 8.6 米，上面金箔贴身，显得庄严肃穆。在毗卢遮那佛左右两侧，侍立着梵天、帝释两天王，他们是"天龙八部"成员（"天龙八部"指的是佛经中的八种神道怪物：一天众、二龙众、三夜叉、四乾达婆、五阿修罗、六迦楼罗、七紧那罗、八摩呼罗迦），是佛教中的护法神。大殿两庑，分列着 20 座诸

天王木雕像，点金妆彩，光泽耀眼，造型十分生动，神态也各异，均高 2 米以上，他们也是"天龙八部"成员。

毗卢遮那佛背后是海岛观音群塑，表现的是观音普度众生的三十二应身，形态各有不同，从容自若。海岛中塑造有几十个人物，中央是巨大的南海观世音菩萨，其左右胁侍为善财童子和龙女。大殿前侧左右各有大钟、法鼓一面，大殿后侧有两座雕刻精细、妆金涂彩的大型佛龛，原来是北京紫禁城的清朝遗物，1979 年运到栖霞寺，佛龛内分别放着石刻观音像和阿弥陀佛像，石刻阿弥陀佛头

栖霞寺大佛阁

部是寺内收藏的旧物，躯体为南京艺术学院张祥水教授根据北朝石刻，用石青制作后着色仿旧，这个石刻佛头可能是梁朝临川靖惠王萧宏所造无量寿佛石像遗物，石刻观音像头部较小，可能为唐代遗物。

3. 石匠殿

在栖霞寺千佛岩无量殿左侧转弯的角落处，有一个规模极小的石窟，高仅1.88米，宽0.66米，这就是著名的石匠殿，龛中雕刻着一个右手举锤、左手握凿、背靠山崖、圆目而视的石匠石像。关于这尊石像，还有一个有趣的故事，传说这尊石像是一位能力很强的石匠，他接受了镌刻千佛岩石佛的任务。由于时间短促，期限紧迫，只好连夜开工，但是到最后一晚，天将破晓时，还有一个佛像没有雕刻好。此时老天也好像在故意为难他，锤轻了石头不动，锤重了石块崩裂。眼看最后期限就要到了，为了交差，老石匠情急之下，只好自己纵身跳进洞龛，化身为石，成了一尊"石公佛"，正好凑足了千佛岩的一千之数。

关于石匠殿的来历，一般认为是后人为了纪念明代的著名石匠王寿而凿的。明代万历年间的祝世禄在《重修栖霞寺记》

栖霞寺千佛岩石窟佛像

碑文中提到：明万历二十七年，关西僧人三空法师与僧定二人，从关西来到栖霞寺寻访明通法师，见千佛岩石窟风化严重，就与明通法师商讨修缮事宜。客仲、暨禄、刘海、党存仁四太监，合力出巨资并募捐，与工匠头王寿齐心协力，一佛一龛全面修缮。自明万历二十八年（1600年）庚子至万历三十四年（1606年）丙午，历时七年竣工。正因为技艺高超的石工王寿曾参与栖霞山千佛岩镌造佛像，因此后人就将此龛命名为"石匠殿"，以纪念王寿，这一传说流传了数百年。20世纪初在维修千佛岩时，还特地用水泥将之修复成石匠的模样，并将其手中所持之物修复成锤凿。

从唐代开始，栖霞寺千佛岩石窟佛像就曾多次被修补

但是 2001 年南京市有关部门在对千佛岩的维修过程中，却意外地发现被称为王寿的石像，他的脚下竟踩着两个小鬼。这两个小鬼一个高 0.24 米，一个高 0.16 米，由于长期以来被埋在土中，无人知晓。一

栖霞寺千佛岩壮观的佛像

些文物专家认为，这座石像并非"石匠"，
而应是佛教中的"金刚力士"，他手中所持
之物也并非锤凿，而应是金刚杵之类的法器。

四 历代文人名士的栖霞情

结

自南朝齐永明年间栖霞寺建成以后，在一千五百多年的历史变迁中，不知道有多少文人名士与栖霞山、栖霞寺结下了不解的情缘：江总、皇甫冉、綦毋潜、李白、刘长卿、权德舆、皮日休、顾况、徐铉、王安石、文天祥、张岱、曹寅等人，都在栖霞留下了瑰丽的诗文。乾隆皇帝六下江南，五到栖霞；葛玄、葛洪、李时珍也因栖霞山盛产的中草药而留下足迹；唐代"茶圣"陆羽更是在品遍各地名泉、名茶后隐居在这里，一住就是 17 年。"年年岁岁花相似，岁岁年年人不同"，昔日的栖霞美景如今依然如故，而那些曾经独领风骚的

栖霞寺美景

栖霞寺

文人墨客们早就消逝在历史的长河里，他们的
足迹依然需要我们去寻觅。

（一）江总与《摄山栖霞寺碑》

提到栖霞寺的石碑，最为人熟悉的就是唐
高宗李治撰写的那块《明征君碑》，而南朝诗
人江总的《摄山栖霞寺碑》，可能还不为众人
所知晓。

江总 (519—594)，字总持，是南朝梁陈时
期的诗人，祖籍济阳考城 (今河南兰考)。江总
出身名门望族，早年就因为文学才能而被梁武
帝萧衍赏识，官至太常卿。侯景之乱爆发后，
他避难会稽，后来又转到广州，到了陈文帝（陈
蒨）天嘉四年 (563 年) 才被征召回建康，任中

江总塑像

书侍郎。陈后主（即陈叔宝，字元秀，公元 582—589 年在位）时，江总官至仆射尚书令，但是他虽然身居宰相要职，却不理政务，整天和陈后主在后宫游宴娱乐。

正当陈朝处于国政日颓、纲纪不立的

栖霞寺

风景如画的栖霞山

时候，北方的隋政权却日益强盛，隋文帝（杨坚）开皇九年（589年），杨坚派晋王杨广（即后来的隋炀帝）带领大军灭陈。陈朝灭亡后，江总入隋为上开府，后来又被放回江南，在江都（今江苏扬州）去世。江总作为陈朝的亡国宰相，经常在后宫"狎客"，又大量创作宫体艳诗，因此在历史上声名不佳。但随着国家兴亡和个人际遇的变化，他的诗也渐渐洗去浮艳之色，出现了悲凉之音，这也说明历史的变迁可以改变一切。

江总的《摄山栖霞寺碑》具体写于什么时候，史料上并没有明确的记载。但是在江总的《入摄山栖霞寺诗序》中说："壬寅年

陈后主陈叔宝像

十月十八日入摄山栖霞寺，登崖极峭，颇畅怀抱。至德元年癸卯十月二十六日，又再游此寺，布法师施菩萨戒。甲辰年十月二十五日奉送金像还山，限以时务，不得恣情淹留。乙巳年十一月十六日更获拜礼，仍停山中宿，永夜留连，栖神悚听，但交臂不停，薪指俄谢，率制此篇，以记即目，俾后来赏者，知余山志。"至德是陈后主的年号，至德元年也就是公元583年，江总在这一年第二次游历栖霞寺。由此推算，江总在壬寅年（582年）第一次来到摄山栖霞寺。在江总的另一首《游摄山栖霞寺（并序）》中记载他"祯明元年太岁丁未四月十九日癸亥，入摄山展慧布法师"，祯明也是陈后主的年号，祯明元年也就是公元587年。从以上资料可以看出，江总的《摄山栖霞寺碑》应该是在公元583年—587年这个时间段内完成的。

江总在碑文的结尾处谈到他与当时栖霞寺主持慧布的关系时说："慧布法师，幼落烦恼，早出尘劳，律仪明白，贞节峻远。贯综三乘，不自媒衒，楷模七众，无所抵诃，级日静憩锤岩（钟山），余便观止，餐仁饮德，十有余年，顷于摄阜摄山，受持珠戒，

江总故居一景

《明征君碑》

李白像

佩服之敬，虽敢怠于斯，须汲引之劳且竭伸于报效。"正是由于江总与慧布的关系非同一般，他才会屡次游访栖霞寺。虽然江总的《摄山栖霞寺碑》与《明征君碑》在记载栖霞寺的历史流传上有很多不一致的地方，但是由于《摄山栖霞寺碑》比《明征君碑》的撰写时间要早很多，所以仍然可以作为了解栖霞寺历史的重要文献资料。

（二）唐代文士的栖霞缘（李白、刘长卿、陆羽）

1. 李白、刘长卿

说起唐代名士与栖霞山、栖霞寺的情缘，首先要从我们熟悉的"谪仙人"李白

栖霞寺

说起。李白（701—762），字太白，号青莲居士，有"诗仙"之称，与杜甫并称为"大李杜"。"斗酒诗百篇"的李白才高八斗，生性豪放，他生活在唐代极盛时期，具有"济苍生""安黎元"的理想，并且毕生都在为实现这一理想而奋斗。

唐玄宗天宝初年，在道士吴筠的推荐下，唐玄宗李隆基召李白进京，任命他为翰林供奉（相当于皇帝身边的文学侍从）。但由于李白个性突出、锋芒毕露，既不满统治集团的荒淫和腐败，也表现出蔑视权贵、追求自由的精神。因而得罪了杨国忠、高力士等朝廷权贵，不久就因权贵的谗言，于天宝三年、

栖霞寺山门牌坊

历代文人名士的栖霞寺情结

四年间（744 或 745 年），被唐玄宗"赐金放还"，被迫浮游四方。李白被排挤出京后，曾经在江淮一带盘桓过，也就是在这一时期，他乘舟来到了六朝古都金陵（今江苏南京），并可能在栖霞寺住过一段时间。

李白有一个宗侄李英，远在三峡地区的当阳玉泉寺出家为僧，法名中孚。中孚禅师深通佛理，善于做词翰文章，尤其喜欢品茶。每年清明节前后，中孚禅师都要吩咐小沙弥到寺左采摘茶树鲜叶，制成仙人掌茶，施舍过往的香客。唐玄宗天宝十一年(752 年)，中孚禅师云游到了金陵的栖霞寺，拜会族叔李白，呈上仙人掌茶给他品尝，并要李白以诗作答，李白饮后

当阳玉泉寺景观

栖霞寺

诗兴勃发，挥毫写下了《答族侄僧中孚赠玉泉仙人掌茶》相谢。诗中称赞说："尝闻玉泉山，山洞多乳窟。仙鼠白如鸦，倒悬清溪月。茗生此中石，玉泉流不歇。根柯洒芳津，采服润肌骨。楚老卷绿叶，枝枝相接连。曝成仙人掌，似拍洪崖肩。举世未见之，其名定谁传。宗英乃禅伯，投赠有佳篇。清镜触无盐，顾惭西子妍。朝坐有余兴，长吟播诗天。"李白用雄奇豪放的诗句，将仙人掌茶作了详细的描述。称赞仙人掌茶叶片外形如掌，色泽银光隐翠，香气清鲜淡雅，汤色微绿明净，饮后齿颊留香。

李白在《答族侄僧中孚玉泉仙人掌茶》诗序中说："此茗清香滑熟，异于他者，所

云霞栖来.宛如一幅美丽的秋的画卷

历代文人名士的栖霞寺情结

栖霞寺枫林凉亭
栖霞寺观音菩萨像

以能返童振枯，扶人寿也。余游金陵，见宗僧中孚示余数十片，拳然重叠，其状如掌，号为仙人掌茶。"中孚禅师仅给李白送去几十片，可见当时这种仙人掌茶是很珍贵的。李白的这首诗，是中国茶文化史上第一篇以"名茶入诗"的诗篇，这首诗也因为李白叔侄在栖霞寺的这段奇遇而广为流传。

刘长卿（约709—780），字文房，宣城（今属安徽）人，他生于洛阳（今属河南），郡望河间（今属河北）。刘长卿也是唐代著名的诗人，擅长作五言律诗，他一生命

来自各地的观光游客

运坎坷，曾两次遭到贬谪，做过岭南南巴尉、睦州司马等官职。在他旅居各地期间，多次遭遇战乱，因此他的不少诗作体现了感伤身世的情怀，也反映了安史之乱后中原一带荒凉凋敝的景象。

根据《栖霞寺志》记载，刘长卿"尝在摄山学出世法，寻明征君故宅"，由于刘长卿一生颠簸各地，所以很难考证他是什么时候来到摄山栖霞寺的。但可以肯定的是，仕

历代文人名士的栖霞寺情结

寺院掩映在漫山遍野的红枫之中

途的不顺利、世事的混乱使他产生了隐居山林的念头，出世与入世一直是中国古代知识分子的两种常见的选择，所谓"达则兼济天下，穷则独善其身"正是这个道理。刘长卿在摄山栖霞寺学出世法的时候，曾经寻访了隐士明僧绍的故宅，也就是著名的"栖霞精舍"。他的诗《栖霞寺东峰寻南齐明征君故居》说的就是这件事情："山人今不见，山鸟自相从。长啸辞明主，终身卧此峰。泉源通石径，洞户掩尘容。古墓依寒草，前朝寄老松。片云生断壁，万壑遍疏钟。惆怅空归去，犹疑林下逢。"从诗中可以看出刘长卿对这位隐居山野、六次拒绝诏命，甚至连皇帝想与其见上一面也不得的真隐士明僧绍的尊敬与羡慕。虽然刘长卿在内心里向往一种闲云野鹤式的隐士生活，但是在现实中他却未能如愿。

2. 陆羽

古往今来，栖霞寺一直蕴涵着茶文化的意境，与茶结下了深深的情缘。有着"茶山御史"名号的陆羽就和栖霞的茶有着不解的情缘。

陆羽（733—804），字鸿渐，唐朝复州竟陵（今湖北天门市）人，一名疾，字

季疵，号竟陵子、桑苎翁、东冈子，又号"茶山御史"。陆羽一生嗜茶，擅长品茗，精通茶道，也熟悉茶树栽培、育种和加工技术，举世闻名的《茶经》便出自他手。正因为他对茶业和茶文化的发展作出了卓越的贡献，所以被誉为"茶仙"，尊为"茶圣"，祀为"茶神"。

据史书记载，陆羽中晚年的时候，曾经在苕溪（今浙江吴兴）隐居，但是实际上他

却隐而不隐，居也未恒居。从《全唐诗》的有关资料来看，陆羽的中年和晚年，真正隐居在苕溪的日子并不长，而是游历江南、越中各处名胜，数迁其址，还曾一度移居到江西、湖南等地。他在乌程（今浙江吴兴县）住过很长时间，去过唐朝著名的湖州紫笋茶的产地长城（即浙江长兴），也到过常州阳羡茶的产地宜兴。陆羽到庐山的时候，曾赞美那里的"招隐泉"是"天下第六泉"，又把"谷帘泉"品为"天下第一泉"。从他的行迹可以看出，他选择去的地方不仅山清水秀，风景迷人，而且最重要的是，大多数地方都盛产名泉名茶，这对他品茗和研究茶文化无疑有着重要的帮助。

茶圣陆羽塑像

大约在唐代宗（李豫）大历年间（766—779 年），品遍各地名泉名茶的陆羽专程到栖霞山种茶、采茶、炒茶、品茶。也有资料认为陆羽是在唐肃宗（李亨）乾元元年（758 年），为了躲避安史战乱而来到升州（今江苏南京），寄居栖霞寺，钻研茶事。

在去往栖霞寺周围地区采茶的途中，官任无锡尉、当时避居阳羡（宜兴）的著名诗人皇甫冉闻讯，盛情相邀陆羽到自己家中，小住对饮，二人也因此结为好友。皇甫冉乘

世外桃源般的栖霞山

兴赋诗赠送陆羽，以壮行色，这就是著名的《送陆鸿渐栖霞寺采茶》诗，全诗内容如下："采茶非采绿，远远上层崖。布叶春风暖，盈筐白日斜。

旧知山寺路，时宿野人家。借问王孙草，何时泛碗花。""采茶非采绿，远远上层崖"描写的是陆羽在寺旁采茶的情景。对此，明人李日华在《六研斋二笔》有注释："摄山栖霞寺，有茶坪，茶生榛莽中，非经人剪植者。唐陆羽如山采之，皇甫冉再作诗送之云。"清代乾隆皇帝的《江南通志》记载："江宁天阙山茶，香气俱绝。城内清凉山茶，上元东乡摄山茶，味皆香甘。"现在的栖霞寺周围，就是著名的雨花茶的产地。赠送完这首诗以

后，皇甫冉又觉意犹未尽，因此又作《送陆鸿渐采茶相过》："千峰待逋客，香茗复丛生，采摘知深处，烟霞羡独行，幽期山寺远，野饭石泉清，寂寂燃灯夜，相思一磬声。"

告别皇甫冉后，陆羽便独来独往于栖霞山之间，他无心浏览栖霞那些枫丹露白、宛如仙境的美景，而是忘情地投入了栖霞山的怀抱之中，采绿芽，品新茗，汲清泉，试香茶。也许正是由于陆羽的名声和其甘于为茶事业献身的精神，山僧后来就在陆羽试茶处建造了笠亭并摩崖刻石，以志纪念。当时的高僧隐士、文人墨客常常雅聚亭畔，赏枫品茗，吟诗作赋，一时间传为佳话。宋代的时候，茶废泉枯，笠亭仅仅剩下了一点点荒基，仅

飞檐下的铜铃

存"白乳泉、试茶亭"六个隶书大字。乾隆皇帝第五次南巡（1780年）游历至此时，触景生情，有感而发之下，亲手书写了一块御碑，诗名为《白乳泉用皇甫冉陆鸿渐栖霞寺采茶诗》，全诗曰："石壁隶书六，岁久莓苔生。适自高峰降，遂缘曲栈行。小憩笠亭幽，慢试云窦清。冉羽茗迹邈，若复传其声。"

目前在栖霞山中与陆羽有关的景点，还有品外泉、试茶亭等。史志载，陆羽在栖霞山种茶的范围在现今中峰和龙山之间的坡谷地，也就是如今的白乳泉、青锋剑、试茶亭一带，其住处称"陆羽精舍"。为了纪念陆羽曾在栖霞山种茶、采茶、品茶、试茶及品泉的经历，栖霞山风景区在龙山之巅，即"陆羽精舍"的遗址附近复建了"陆羽茶庄"。整个建筑为仿唐风格，共有四层，建筑面积共计 800 平方米，在这里登高眺望长江、紫金山、南京城，栖霞山的美景一览无余，陆羽茶庄因此成为栖霞山风景名胜区又一旅游胜地。

栖霞山陆羽茶庄

历代文人名士的栖霞寺情结

王世贞像

（三）明清名人与栖霞山、栖霞寺

1. 王世贞与《游摄山栖霞寺记》

王世贞（1526—1590），字元美，号凤洲，又号弇州山人，江苏太仓人。嘉靖二十六年（1547年）进士，授刑部主事，官至南京刑部尚书。王世贞是明代著名的文学家、史学家。他和李攀龙、谢榛、宗臣、梁有誉、徐中行、吴国伦并称为"后七子"。王世贞主张"文必秦汉，诗必盛唐"，作为明代文学复古运动的领袖，他主宰文坛长达20年之久。

《游摄山栖霞寺记》这篇文章选自王世贞的《弇州山人续稿》卷六十三，这是他晚年游览摄山栖霞寺的一篇游记，写于万历十六年（1588年），他当时63岁。王世贞与万历朝的首辅张居正是同年进士，王世贞本想在张居正的扶持下在政治上有所作为，但是张居正却认为王世贞只能在文学上有所建树，没有济世之才，所以极力排斥这位同

栖霞寺年轻的僧侣

历代文人名士的栖霞寺情结

张居正墓

张居正故居

栖霞寺

年。张居正死后，王世贞才被起用为南京兵部右侍郎，后来又擢升南京刑部尚书，但是因为俸禄的一些问题，王世贞以疾辞归。这篇《游摄山栖霞寺记》大概就写于王世贞辞官前后。

根据《游摄山栖霞寺记》一文记载，王世贞和他的儿子以及友人张元春一路同行，打算三月初一前往南京。大约在二月二十八日的时候，他们在路上遇到了大雨，王世贞被雨中美景倾倒，就向驿站官员询问去摄山（栖霞山）的路。驿站官员称雨天道路险峻泥泞，难以到达摄山，但是王世贞的游兴正浓，不听劝阻，打算第二天就去游览。

栖霞山风光

历代文人名士的栖霞寺情结

二月二十九日的清晨，王世贞一行人早早就起身赶往摄山栖霞寺。"时晓色熹微，与雾色接，溪流暴涨不绝声。然所过诸岭多童，至中凹处，忽得苍松古柏之属，是为摄山。趋驰道数百武，得寺曰栖霞。右方有穹碑，唐高宗所撰，以传明隐君僧绍者。隐君故栖此山矣，舍宅为寺，人主贤而志之。碑阴'栖霞'二大字，雄丽飞动，疑即唐人笔也。"王世贞来到栖霞寺，首先看到的就是唐高宗李治写的那块《明征君碑》，石碑背面的"栖霞"两个字正是李治亲手书写的。

"拾级而上曰山门，江总持一碑卧于

《明征君碑》

栖霞寺

100

栖霞枫情

地，拂而读之。复前为门，四天王所托宇焉。拾级复上，杰殿新构，工可十之八，而前庭颇逼侧。僧曰：'未已也，是将广之，移四天王宇于山门，而加伟殿。'"在山门那里，王世贞看到了江总的《摄山栖霞寺碑》。由于当时栖霞寺正在重新装修改造，所以他们没能看到全貌。

"饭已，与儿、元春由殿后启左窦而出，探所谓千佛岩者。其阳为石塔，塔不甚高，而壁金刚力士像于四周，颇巧致。此塔隋文皇所建，以藏舍利者也。文皇遇异尼，得舍利数百颗，分树塔以藏之，凡八十三州，所遣僧及守臣争侈言光怪灵异以媚上。而蒋州

历代文人名士的栖霞寺情结

栖霞寺千佛岩石窟佛像

其一也。"在栖霞寺用过斋饭以后，王世
贞等人又来到了千佛岩和隋文帝杨坚下旨
修建的舍利塔（隋代的塔是木制的，王世
贞当时看到的石塔应该是南唐时期高越和
林仁肇奉旨重新修造栖霞寺时，把木塔改
建成的石塔）。

　　在舍利塔附近，王世贞看到了一眼泉
水，"塔左圆池，一泉泓然满其中，石莲
花蹙沸而起。僧雏咸资汲焉，曰品外泉。
兹泉陆羽所未品也"。看到水质清澈甘甜
的"品外泉"泉水，王世贞想起了那个曾
在栖霞山采茶、品茶的"茶圣"陆羽。提
到陆羽没有尝到这里的泉水，由此可知，

这眼"品外泉"是在唐代以后开凿的。之后王世贞等人参观了千佛岩，"千佛岩独隐君子仲璋所镌无量寿佛像可耳，观音大势至已不逮其他，若文惠太子、豫章、竟陵王千像，皆刓损天趣，以就人巧，使斗拔奇峭之态，泯没不复可迹。且所谓佛者，一而已，何千之有？"

千佛岩里的石像，王世贞最欣赏就是明僧绍的儿子明仲璋凿刻的无量寿佛像。而齐梁的王公贵族所刻的石像，由于年代久远，都已经破损得不成样子了，早就失去了观赏的价值。所以王世贞才认为千佛岩虽然名为千佛，其实也就只有无量寿佛像一座而已。

栖霞寺千佛岩胜景

历代文人名士的栖霞寺情结

千年古刹栖霞寺

游历完了千佛岩，王世贞到中峰涧的白乳泉和天开岩等地看了看，之后又去了栖霞山的另一座寺庙观音庵。由于年事已高，体力不支，王世贞的栖霞游览就到此为止了，但他的儿子和张元春却依旧兴致勃勃，又去攀登栖霞山的顶峰。

在文章的末尾，王世贞感慨地说："今天下名山大刹，处处有之，然不能两相得。而其最著而最古者，独兹寺与济南之灵岩、天台之国清、荆州之玉泉而已。灵岩于三十年前一游之，忽忽若梦境耳。今者垂暮，而复与观栖霞之胜，独老且衰，不能守三尺蒲团地，而黾勉一出，远愧僧绍，然犹

栖霞寺香炉

能自为计，庶几异日不至作总持哉？"在王
世贞看来，普天之下能够做到名山与大刹兼
得的地方，只有栖霞寺与济南的灵岩寺、天
台山的国清寺、荆州的玉泉寺能够达到标准。
王世贞年轻的时候去过灵岩寺，如今在暮年
又来到了他敬仰的隐士明僧绍隐居的栖霞寺
（当时叫"栖霞精舍"），在这里他感到像
他这个年龄，就应该像明僧绍一样退出官场，

隐居山林，而不能像江总那样贪恋高官厚
禄和人间富贵。在王世贞身上，中国古代
士大夫的仕与隐的思想又一次折射出来。

2. 李香君与栖霞山

从舍利塔向西过栖霞寺，有一个自上
至下逶迤而过的山涧，上面怪石林立，这
就是著名的桃花涧，桃花涧位于栖霞山巅
北侧一个陡峭的山涧内，面积约有200亩—
300亩，涧内种植了几十种桃树，仅桃花
的颜色就有十几种。在桃花涧两侧的峭壁
林间，有宋代人的题刻"桃花涧""非人间"
字样，从桃花涧上古代文人墨客留下的石

栖霞山桃花涧桃花盛开

栖霞寺

李香君塑像

刻、碑文来看，桃花涧从唐、宋时代就已经
存在了，且常有游人到此赏玩。乾隆皇帝南
巡路过这里时也曾留下赞美桃花涧的诗篇。

在桃花涧东侧红英绿荫处，有一小亭和
一方湖石，亭上书有"桃花扇亭"四字，这
就是众所周知的桃花扇亭了。桃花扇亭立于
山路的西侧，依崖傍洞，三面轩敞，亭内的
花窗都是桃扇形状的，亭墙四周杂树林立，

李香君与栖霞寺有着很深的渊源

走进亭内，就会有一种清新幽雅的感觉。矗立在桃花扇亭里，上可以仰望青山，下能够俯视桃花涧的流水，看着山林美景，听着鸟唱泉鸣，整个人都会陶醉在这一人间仙境中。

与桃花扇亭相对的地方，是昔日的葆贞庵旧址。相传明末"秦淮八艳"之一的李香君为躲避清军南下的战乱，跟随卞玉京在葆贞庵出家为尼。出家后的李香君，情恨尽绝，独守此庵，在青灯古佛前聊度日月。李香君在隐居期间，经常到桃花涧汲水、浣纱、濯足。据说面对"落花有意，流水无情"的隐居生活，李香君常陷入寂闷惆怅的心境，由于积怨成疾，最后病逝。根据一些资料记载，李香君死后葬于桃花涧畔丛林，即现在桃花扇亭南侧约一百米处。

过桃花扇亭大约五十米处，有一条青砖铺成的小路，进了小路中的丛林，在曲径通幽处有一座青砖垒起的孤坟，周遭以石块为栏，墓上爬满了藤蔓，但是坟墓周围并没有碑铭之类的物什，只是在栖霞山景区大门前有一块游览路线指示牌，上面指示说桃花扇亭向东不远处是香君墓，看

李香君故居陈列馆

来这座孤坟就是安葬李香君的地方了。

　　侯方域与李香君的爱情故事因清代著名剧作家孔尚任的《桃花扇》一剧的极力渲染而被广泛流传，他们在山河破碎、江山易代过程中的爱情悲剧也被后人所慨叹。李香君是明末秦淮河畔的一代佳人，绰号"香扇坠儿"，她才情绝伦，婀娜多姿，又铁骨铮铮、桀骜不驯，一向以气节著称。而侯方域作为复社领袖，是当时著名的四公子之一（侯方域与方以智、陈贞慧、冒辟疆合称明复社四公子），他当时也是风流倜傥、气宇不凡、才华横溢。因此侯李之爱曾被传为一时佳话。

在戏剧《桃花扇》中，侯方域在秦淮河畔妓女们举办的"盒子会"上，邂逅了李香君，侯方域把扇坠抛到暖翠楼上，香君回抛白汗巾包裹的樱桃，两人陷入爱河。侯方域以家传的宫扇作为定情信物送给李香君，并在上面题诗说："夹道朱楼一径斜，王孙初御富平车。青溪尽是辛夷树，不及东风桃李花。"对李香君的赞誉之情，溢于言表。

李香君故居的桃花扇

栖霞寺

阉党余孽阮大铖为了结交侯方域，就让杨龙友替自己赠送丰厚妆奁给李香君的鸨母李贞丽，帮助侯方域梳栊（古代青楼妓馆的龟鸨为了抬高妓女的身价，往往在妓女第一次接客伴宿时，请名士豪客替她们破身，这就叫作"梳栊"）李香君。香君识破诡计后，当即拔簪脱衣，退还妆奁。阮大铖恼羞成怒，记恨在心。南明弘光朝廷建立后，阮大铖鼓动权臣马士英诬陷侯方域"通敌"（和当时的将领左良玉勾结），侯方域被逼出走江北投奔史可法，一段才子佳人式的风花雪月就这样被奸党活活拆散了。马士英为了报复，想强行把李香君许配他人，李香君坚决不从，撞头自尽未遂，殷红的鲜血点点飞溅在那柄定情的白绢诗扇上。杨龙友见定情的诗扇溅上了斑斑血迹，有感而发，便用羊毫笔就着血迹稍作点染，在扇中画出几笔折枝桃花，又用墨色勾了枝叶做陪衬，一幅动人的桃花图绘成了，桃花扇的名字也由此而来。

　　《桃花扇》中说，弘光朝廷覆灭后，江山易主，山河破碎，在历经离乱奔波后，侯方域与李香君这一对苦命鸳鸯终于重新聚合在栖霞山白云庵，侯方域本来认为"从来男女家室，人之大伦，离合悲欢，情有所钟"，

孔尚任像

桃花扇石碑

打算夫妻还乡共享人伦之乐，但是却被道士张瑶星呵斥道："呵呸！两个痴虫，你看国在哪里，家在哪里，君在哪里，父在哪里，偏是这点花月情根，割他不断么？"这一席话说得侯生"冷汗淋漓，如梦忽醒"，最后侯方域与李香君割舍了情根欲种，双双入道。

但是戏剧毕竟只是戏剧，不能当做史实，孔尚任只想借侯方域与李香君的爱情悲剧来表达"借离合之情，写兴亡之感"，《桃花扇》是把爱情与政治紧密联系在一起的，李香君与侯方域的情感负载了国家、民族的重任，最终指向政治伦理。因此我们想追寻侯方域与李香君的结局，还要查找其他的资料。

　　历史上的侯方域并没有出家，而是迫于清廷施加的种种压力，在顺治八年参加了由清朝组织的河南乡试，并中了副榜。正因为侯方域对清王朝的妥协，所以被很多人骂为变节。在20世纪60年代电影版的《桃花扇》中有这样一段情节，李香君在南京失陷后，逃到栖霞山，隐居在栖霞寺，守着那柄血染的桃花扇，也守着自己对爱情与人生的理想苦苦等候着侯方域。由于侯方域与李香君有再续前缘的约定，所以降顺了清朝。成了一名清廷官员的侯方域来到栖霞山与旧情人会面，并希望李香君能和自己结为百年之好。但是看重气节的李香君在发现昔日的情郎成为"清廷走狗"之后，就当着寻来的侯方域的面，愤而撕碎了当年才子题诗、佳人溅血的那把作为定情信物的桃花扇，与软弱的侯方域彻底决裂，毅然割断情根，遁入空门，到栖霞山的葆贞庵削发为尼。孔尚任曾经发过这样的感慨："青楼皆为义气妓，英雄尽是屠狗辈。"在国破家亡时，一个妓女，无以为报，竟用自己的性命来维持贞节和道德

李香君故居内景

历代文人名士的栖霞寺情结

李香君故居媚香楼

大义，而士大夫却放弃原则，改换门庭。因此后人评《桃花扇》说："妙以春秋笔法，借离合之情，写兴亡之感。"

但是无论是戏剧《桃花扇》，还是电影《桃花扇》都打上了深深的政治烙印，因此都不能作为信史来佐证侯方域和李香君的结局。旧时南京文人余怀的《板桥杂记》和叶衍兰《秦淮八艳图咏》中，记载了李香君和侯方域失散后流落栖霞山，和八艳之一卞玉京一起出家为尼。南京民间则有李香君在栖霞山出家，死后葬在葆贞庵东侧的传说。如今栖霞山葆贞庵遗址附近的李香君的香冢也仿佛印证了栖霞山就是李香君的最后归宿。然而关于侯方域和李香君结局的故事传说太多了，由于

传说李香君在栖霞山出家

每个故事似乎都有确凿的史料作为依托，所以难以确认哪个才是准确的。

除了在栖霞山出家的传说外，关于李香君的结局一般还有三种说法：一种是李香君最终在苏州与侯方域重逢了，被一个老头当头棒喝，两人顿时醒悟，看破尘缘，只好出家了事，这种结局显然是受到了孔尚任《桃花扇》的影响。另一种是两个人连最后一面都没有见着，李香君只留下一柄桃花扇就黯然离世了。临死之前李香君留下一句话："公子当为大明守节，勿事异族，妾于九泉之下铭记公子厚爱。"

第三种结局流传也很广，据说南明覆灭以后，李香君与侯方域一起回到了老家河南商丘归德城侯府，但侯家已为侯方域娶了正室，李香君只能屈居为妾。李香君在侯家不敢暴露自己的真实身份，而是以吴氏女子、侯方域妾的身份，更名换姓住在了西园翡翠楼（又名香君楼）。在这里，她与公婆和睦相处，和侯方域的正室常氏关系也不错，以姐妹相称，与侯方域更是鱼水情深，琴瑟和谐。从1645年到1652年这八年时间里，李香君过着平安、舒适的生活，也可以说是她一生中最为幸福美满的时期。后来侯方域再游江南，去南京为香君求子、寻亲的时候，独自在家的李香

李香君墓

栖霞寺

君的妓女身份暴露。侯方域的父亲侯恂是个封建卫道士，当他得知李香君是秦淮歌伎的真实身份后，怒不可遏，大发雷霆，当即命令李香君滚出翡翠楼，后来在别人的劝说下，才不情愿地把她赶到离城十五里的侯氏柴草园——打鸡园。李香君不久就郁闷而死，年约三十岁。相传侯方域回家后，曾为李香君修墓立碑，墓碑上面写道"卿含恨而死，夫惭愧终生"。也就是在这一年，35岁的侯方域忆起自己的坎坷遭遇，感叹平生可悔者多，于是把自己的书斋更名为"壮悔堂"。两年后，侯方域也因郁郁寡欢、心情郁闷而病逝在家中。

桃花扇亭

有一种说法认为，李香君在南明灭亡后，独自来到栖霞山下，在一座寂静的道观里出家，后不知所终。这和栖霞山的传说有些出入，一些人也认为栖霞山桃花涧的李香君的香冢里面埋的并不是李香君本人，而只是她的衣冠冢。在笔者看来，了解李香君的生平事迹，最准确的莫过于侯方域的《李姬传》，里面记载了自己与李香君的一段感情生活。侯方域科举落榜，打算返乡，"姬（李香君）置酒桃叶渡，歌琵琶词以送之，曰：'公子才名文藻，雅不减中郎。中郎学不补行，今

侯方域和李香君蜡像

琵琶所传词固妄，然尝昵董卓，不可掩也。
公子豪迈不羁，又失意，此去相见未可期，
愿终自爱，无忘妾所歌琵琶词也！妾亦不
复歌矣！'"李香君把侯方域比作汉代的
蔡邕，对他的文才学识大加赞赏，并劝他

栖霞寺

侯方域故居一角

要洁身自爱。李香君预感到这一次分别后，有可能再也无法相会了，所以希望侯方域不要忘了她所弹奏的《琵琶词》。从那以后，李香君毅然拒绝了淮阳巡抚田仰的纠缠，立志为侯方域守节到底。侯方域的《李姬传》

栖霞寺红叶雪景

并没有交代李香君的最后结局，可见他们从此以后并没有相见。至于李香君是不是真的在栖霞山出家为尼，这也是无法考证的。

栖霞寺